¡Sssssshhhhhhhhhh!

Haz del teatro algo íntimo

Llévalo siempre en el bolsillo

Cubierta y diseño editorial: Éride, Diseño Gráfico
Dirección editorial: ángel jiménez
Imagen de cubierta: David Sueiro.

Primera edición: agosto, 2025

La barraca
© Marta Torres
© VdB, 2025
Espronceda, 5
28003 Madrid

VdB®

ISBN: 979-13-87644-36-9
Depósito Legal: M-18591-2025
Diseño y preimpresión: Éride, Diseño Gráfico

Este libro protege el entorno

# Marta Torres

## la barraca

Versión teatral de la novela del mismo título
de Vicente Blasco Ibáñez.

Esta obra se estrenó en el teatro Circo de Albacete
el 30 de septiembre de 2025 interpretada por Daniel Albaladejo (Batiste),
Claudia Taboada (Pepeta), Elena Alférez (Rosario / Roseta),
Patricia Ross (Teresa), Antonio Sansano (Don Salvador / Tío Tomba),
Jorge Mayor (Tío Barret / Médico), Antonio Hortelano (Pimentó),
y Jaime Riba (Tonet / Alguacil / Juez).

Dirección: Magüi Mira.

# Personajes

BATISTE
TERESA
ROSETA
PEPETA
PIMENTÓ
TÍO BARRET
ROSARIO
DON SALVADOR
TÍO TOMBA
TONET
TORREROLA
ALGUACIL
JUECES
MÉDICO

SOMBRAS
VECINAS Y VECINOS · · · La numeración de los VECINAS Y VECI-
NAS no se debe tomar como indicación
de reparto de personajes pues se espe-
cifica tan solo para que el lector sepa
que intervienen diferentes personajes.

3  5

---

Nota. La autora propone un montaje coral en el que un
mismo intérprete pueda representar a varios personajes incidentales y todo el reparto pueda formar
parte del coro de SOMBRAS y de VECINAS y VECINOS.

## Preámbulo
La esperanza.

*Justo antes de rayar el alba, un hombre enér-*
*gico, acompañado por una mujer, tira de un*
*carro en el que se amontonan toda clase de*
*objetos domésticos. El carro sucio, gastado,*
*miserable, oliendo a hambre y a fuga deses-*
*perada, como si la desgracia marchase tras*
*ellos pisándoles los talones, es testigo de la*
*emigración de una familia entera.*

BATISTE  El hambre... la miseria... la esperanza... la
huida... Huir del hambre es la carga más pe-
sada que puede echarse un hombre a la espalda, pero no hay camino, desierto, mar ni
mundo entero que se interponga entre unas
piernas, unos brazos, una voluntad y el pan,
aunque sea duro. El hambre... siempre pi-
sándonos los talones... siempre empuján-
donos a los caminos, en busca de lo des-
conocido, de otra existencia, y siempre
ahí... ahí... ahí... como siniestra escolta...
el hambre... Quiera Dios que esta vez, can-
sada de acompañarnos, se quede en los campos eternamente sedientos que dejamos
atrás... Y cómo no va a querer si nos ha traído a este lugar en el que para sentir lo que
nos espera no hay más que cerrar los ojos...

Cerrar los ojos y escuchar el borboteo de las acequias, el murmullo de los cañaverales, el concierto animal que sale de los corrales... Son las bestias que al sentir la fresca caricia del alba que se acerca cargada del perfume, están deseando correr por estos campos fértiles, húmedos, ricos. Por fin ha querido Dios darnos un lugar cargado de esperanza. Teresa, busca a los chicos y que no vuelvan a quedarse rezagados. ¿No ves como asoma ya el sol que deja ver esas rumorosas acequias? Estamos llegando.

## Acto I.
## El recuerdo.

*Varias* SOMBRAS *con atavíos rústicos de final de siglo XIX recorren la escena como un rosario de hormigas bajo el sonido del borboteo de las acequias que se va mezclando con chirridos de ruedas, badajeo de campanas y un discordante concierto animal —relinchos, mugidos, ronquidos de cerdos, canto del gallo—. A medida que el espacio se empapa de claridad, se rompe este ritual, y las mismas* SOMBRAS *van y vienen por la escena, ahora de manera desordenada, esparciendo, saludos y bendiciones. Bajo la luz de un amanecer de otoño, una labradora con aspecto de mala salud,* PEPETA, *carga unos cestones de verduras que ofrece en los portales. La escena se va despejando hasta quedar a solas con* RO-SARIO, *una chica desgreñada, con poca ropa, sin más belleza que su juventud próxima a desparecer, y afeada por las manchas de colorete y otros adornos de lo que fue la noche anterior.*

PEPETA      Me quedan judías y cebollas, ¿quieres algo? Es lo último, te lo dejo a buen precio. (*La prostituta la mira con media sonrisa, pero no responde.*) Mira que me da igual, que solo he entrado a este barrio porque digo yo que vosotras también tendréis derecho a comer y como en las otras casas esto ya no lo quieren…

ROSARIO     ¿Pero es que no me conoces?

PEPETA      ¿Yo? ¡Qué te voy a conocer yo!

ROSARIO     Pepeta… Soy Rosario… la pequeña del tío Barret.

PEPETA      Ros… Rosario… Pero… ¿Eres tú?

ROSARIO     Claro mujer, ¿Quién voy a ser?

PEPETA      ¿Tú… aquí? ¿¡Tú!? ¡Qué vergüenza, Señor!

(ROSARIO *acoge las exclamaciones de su antigua vecina con la cínica sonrisa y el gesto escéptico de quien ya no cree en nada, pero va cambiando de actitud a medida que charla con* PEPETA.)

ROSARIO     Vamos, vamos, tampoco hay que ponerse así. De algo habrá que vivir…

PEPETA      ¡Hija de unos padres tan honrados! ¡Qué vergüenza, pero qué vergüenza!

ROSARIO     Me vas a amargar la mañana Pepeta. Yo no hago daño a nadie…

| | |
|---|---|
| PEPETA | Pero mira donde estás… Y como vas… ¡Señor mío Jesucristo lo que me faltaba por ver! |
| ROSARIO | Deja de nombrar al de arriba, ¿me oyes? Yo soy la que recibo cariño una noche y bofetadas hasta que reviento a la siguiente. A mí y a nadie más que a mí es a quién le han desgraciado la vida. |
| PEPETA | Ay, Rosario, déjame que descargue en el Señor la sorpresa y no te enfades…, tienes toda la razón... Qué desgracia… |
| ROSARIO | Y se ve que no te miras… mucho mejor que a mí no se te ve. Estás más pálida que los cirios de la iglesia. |
| PEPETA | Eso es por la sangre que se me escapa durante semanas enteras contraviniendo las reglas de la naturaleza. |
| ROSARIO | Ya, ya… Por la sangre y por el estómago vacío y por la faena que llevas. Habría que ver la vida que te da ese fanfarrón de Pimentó… Pero en fin, tú por lo menos tienes una casa y unas tierras y eso sujeta a una familia. |
| PEPETA | Si es que donde no hay padre y madre todo se pierde. |
| ROSARIO | Donde se pierde todo es donde hay un amo asqueroso que todo lo quiere y que no para |

hasta arruinar la vida al honrado. De todo tiene la culpa el amo de la tierra, aquel don Salvador que de seguro arde en los infiernos.

PEPETA    Tan bueno que era el pobre tío Barret… morir en aquel presidio… Si levantara la cabeza y te viese.

ROSARIO   Eso no lo digas Pepeta, bastante dolor tuvo… Nos queda la tranquilidad de que al menos mi madre acabó de padecer en una cama del hospital. ¿Quién nos hubiese dicho a mí y a mis hermanas, acostumbradas a vivir en nuestra casa como reinas, que acabaríamos de este modo?

PEPETA    ¿¡Tus hermanas también!? ¡Válgame Dios, y cómo se pierde una casa! ¡Señor! ¡Señor! ¡Líbranos de una mala persona! ¡Maldito don Salvador! ¡Las vueltas que da el mundo en diez años!

ROSARIO   Pepeta… y dime, nuestra barraca, ¿Sigue vacía?

PEPETA    Lo puedes jurar, vuestras tierras son una mancha de desolación en medio de la vega. Da pena verlas, está todo perdido, las tierras llenas de maleza y la barraca en ruinas. Y al que quiera apoderarse de aquello ya sabes lo que le espera: un escopetazo de los que deshacen la cabeza.

ROSARIO
¡Eso! ¡Dos cartuchos bien llenos que para eso nos hemos criado con la escopeta detrás de la puerta y aspirando el humo de la pólvora en todas las fiestas!

PEPETA
Alguna vez nos tenía que tocar imponernos a los pobres y quedar los ricos debajo.

ROSARIO
No sabes como me alegra oír lo que dices…

PEPETA
Desde que los hijos de don Salvador se han rendido y no intentan explotar vuestras tierras, ese rodal de miseria sirve para que los otros propietarios sean menos exigentes. No han aumentado a nadie el arrendamiento y se conforman cuando los semestres tardan en pagarse…

ROSARIO
Eso hará que a todos os sepa mejor el pan duro.

PEPETA
No, Rosario, nada nos alivia la pena de lo que pasó. Bueno, sí hay algo que nos hace el trabajo menos pesado, ¡bien que nos reímos imaginando como deben rabiar esos dos!

ROSARIO
¡¡Que revienten los hijos del maldito don Salvador!! Es lo único que me consuela.

PEPETA
Por ese lado puedes estar tranquila, mi Pimentó y otros de allá nunca permitirán que alguien entre a trabajar en lo que por derecho pertenece a tu familia.

ROSARIO    Lo sé, y bien agradecida que estoy, si he hablado mal de tu Pimentó es solo por como
te ves…

PEPETA    He nacido para el trabajo…, y así no pienso en los hijos que no llegan.

ROSARIO    Mejor que no vengan y no tener que preo-
cuparte por lo que será de ellos cuando tú
faltes. Mira de lo que han servido los traba-
jos de mi padre y de cinco o seis generacio-
nes de Barret que pasaron su vida labrando
esa tierra, volviéndola al revés, medicinan-
do sus entrañas con estiércol. Cuidándolas
y acariciando y peinando con el azadón y
la reja aquellos terrones, todos regados con
la sangre de mi familia. Hasta en los sueños
se le aparecía a mi padre el miserable don
Salvador.

(*Se hacen visibles el* Tío Barret *y el anciano*
Don Salvador. *Las mujeres quedan en la ne-*
*blina que deja paso a los recuerdos.*)

DON SALVADOR    Vamos, vamos, Barret, no será tan grave
tu situación, todos me venís con lo mismo
para libraros del pago.

TÍO BARRET    No diga eso por favor, don Salvador, usted
sabe que considero el no pagar como la ma-
yor de las deshonras…

D. SALVADOR  Yo solo digo que todos tenemos obligaciones que cumplir, y que tú solo atiendes a la mitad de ellas, y eso no es justo para mí. Bien contentas que se ve a tus hijas, nadie diría que estáis en una situación tan desesperada como tú la pintas.

TÍO BARRET  Pero cómo quiere que comparta estas cosas con ellas. Si aún fueran chicos, tendría con quien hablar y quien me ayudara, pero esas cuatro pobres mías para lo único que sirven es para disfrutar y dar alegría a la casa.

D. SALVADOR  ¿Lo ves? Si todavía hay alegría es porque no falta de nada…

TÍO BARRET  De todo falta don Salvador… Onza a onza voy vaciando el puñado de oro que ochavo sobre ochavo juntó mi padre. ¿Cómo cree si no que he podido hacer frente con puntualidad hasta ahora a todos los pagos?

D. SALVADOR  Pues mira por donde, a ti tu herencia te está sacando de apuros mientras que a mí la mía solo me quita la calma. Barret, te voy a ser franco, yo soy seguramente más pobre que tú aunque no lo sepas. Si mal están los tiempos para ti, imagina como están para mí. Tú solo tienes que hacerte cargo de una pequeña porción de toda la tierra que tengo. Lo que para ti es un problema para mí se multiplica por cincuenta. Ninguno queréis pagar y las contribuciones no paran de subir, y de eso no tengo yo la culpa, no señor. Yo soy tan víctima como vosotros. Porque a ver, ¿a quién voy yo a decir que no puedo pagar la contribución? Tú muy fácil lo tienes con venir a mi casa, pero ¿a dónde voy yo?, ¿me lo quieres decir? Si tú me resuelves a mí ese problema, yo no te subo la renta, pero si yo me hago cargo de lo mío, justo es que tú hagas lo propio.

TÍO BARRET ¿¡Subir la renta otra vez!?

D. SALVADOR No tengo otro remedio si quiero sacar adelante mi casa. Yo también tengo hijos, Barret.

TÍO BARRET Yo le pido, le suplico, que tenga usted misericordia. Mire usted bien que me pierde, que yo no voy a poder hacer frente.

D. SALVADOR Pues tendrás que buscar una tierra más pequeña.

TÍO BARRET ¿Irme de allí? ¿Usted sabe lo que dice? Yo he perdido la vida en aquellos campos… Y mi padre y mi abuelo, y el padre de mi abuelo. Esos campos…, todos nos hemos deslomado para hacer de ellos los mejores de la huerta.

D. SALVADOR Tú lo has dicho, Barret, son los mejores, y eso hay que pagarlo…

(*La escena cambia a la taberna. El* Tío Ba-rret, *de pie, está junto a* Pimentó *y otros hombres sentados a una mesa en la que juegan a las cartas.*)

Tío Barret     Tú lo has dicho, Barret, son los mejores y eso hay que pagarlo.

Pimentó     (*Deja el juego.*) ¿Eso te ha dicho?

Tío Barret     La culpa mía, por mentar nuestros esfuerzos en cuidar lo suyo…

Pimentó     ¿Y por qué es suyo si es tu familia la que se ha dejado la vida en aquellos terrones? ¿Me lo podéis explicar alguno de vosotros? ¿No decís nada?

Vecino 1     Pimentó, hay cosas que no tienen explicación. Bien lo sabes.

Pimentó     Son los amos porque les dejamos serlo, tenedlo claro. Si no fuese por nosotros, estarían estas tierras tan despobladas como la orilla del mar, y a ver a quién le iban a cobrar renta entonces…

Vecino 2     Desde luego que sí, ese miserable de don Salvador no sabe ni coger un azadón.

Vecino 3     Bonito estaría el viejo doblando el espinazo por una vez en su vida.

VECINO 4    Y por no saber como se hace, no será… Que mira que le gusta venir y espiar como trabajamos.

PIMENTÓ    Pues dadme una voz otro día que venga a husmear y entre unos cuantos lo obligamos a hacer un surco con la azada…

*(Los compañeros de cartas ríen comentando la ocurrencia de* PIMENTÓ.*)*

VECINO 3    Y al mío lo enganchamos a la reja. Lo que daría por ver a ese panzudo tirando y tirando para abrir un surco…

VECINO 2    ¡Y nosotros, mientras, chasqueando el látigo!

VECINO 4    O los ponemos a echar estiércol, mucho estiércol. Y si se quedan con ganas aún les hacemos comer un poco.

VECINO 2    Pero eso sí, se lo damos en cuchara de plata.

PIMENTÓ    Hacer las chuscas que queráis, ¡pero esto no cambia porque no me dejáis! Vosotros mucho quejaros, pero a cada solución que doy, os arrugáis más. Tío Barret, si tú me dices que cargue la escopeta, la cargo, bien lo sabes.

TÍO BARRET    Quita, quita… no se te ocurra ni asustarlo. Don Salvador es un hombre muy importante y tiene amigos de muchas campanillas…

| | |
|---|---|
| PIMENTÓ | Una buena paliza y un baño después en la acequia, y os digo yo que no volvía por la huerta en años. |
| VECINO 1 | Déjalo estar y vuelve al juego, que aún nos empujas a hacer cosas que no queremos. |
| PIMENTÓ | Cualquier día sin deciros nada, os hago un favor de los grandes. |

(*El Tío* BARRET, *abrumado por sus preocupaciones, parece no estar ya en la conversación.*)

| | |
|---|---|
| TÍO BARRET | No hay peor amo que don Salvador, con gente así, siempre pierde el pobre. Se aprovecha porque sabe que daría mi sangre antes que abandonar mis tierras. ¿Qué voy a hacer, Dios mío? |

(*La escena vuelve a las mujeres.*)

| | |
|---|---|
| ROSARIO | ¡Cómo se juntó todo!, la subida avariciosa de la renta, la enfermedad de mi madre, ¡y la muerte del rocín!, y padre sin decirnos nada. |
| PEPETA | ¿Y qué podíais hacer vosotras? |
| ROSARIO | ¿Y tú me lo preguntas? ¿Quién trabaja tus tierras mientras Pimentó hace de caballero andante de la huerta? Nosotras podríamos haber ayudado y tal vez las cosas habrían sido de otra manera. |

| | |
|---|---|
| Pepeta | Eso lo dices ahora que te ves así, pero recuerda en la felicidad que vivíais preocupándoos solo de la enfermedad de tu madre y de por quien heredaría su collar de perlas. |
| Rosario | Maldito juicio que nos hizo conocer todo lo que nos debería haber contado padre. |
| Pepeta | No hagas reproches al tío Barret. Tú lo has dicho antes, don Salvador y solo don Salvador tuvo la culpa de todo. |
| Rosario | ¡Y cómo lo engañó con el dinero del caballo! |

(*En escena de nuevo el* Tío Barret *y* Don Salvador.)

| | |
|---|---|
| Tío Barret | Era un animal buenísimo. Ha muerto por noble, por seguirme en todos mis desesperados esfuerzos. |
| D. Salvador | No te culpes, Barret, esas cosas pasan. |
| Tío Barret | Lo he reventado, ha muerto cansado de trabajar de día y de noche, cansado de ir tirando del carro al mercado de Valencia con las hortalizas para luego, sin tiempo para respirar ni desudarse, verse enganchado al arado. Ha tomado el partido de morir antes que permitirse el menor intento de rebelión contra su pobre amo. |

D. SALVADOR  Una buena lección sí nos ha dado a todos…, quédate con eso.

TÍO BARRET  Sí… Eso sí… Pero… sin él no puedo cultivar mis campos.

D. SALVADOR  Los míos, Barret, los míos. Que estos campos son míos, no lo olvides.

TÍO BARRET  No lo olvido, no.

D. SALVADOR  ¡Pero no lo digas con pesar! ¿Cómo te verías si yo no estuviera a tu lado? Tú lo has dicho antes, lo darías todo por perdido. Pero aquí está don Salvador, haciendo honor a su nombre todos los días, haciendo siempre lo que es justo, aunque no seáis capaces de advertirlo. ¿Y qué es ahora lo justo sino ayudarte como si fueras mi hijo?

ROSARIO  Y ahí sacó el demonio el bien del mal.

D. SALVADOR  Sí, Barret, como si fueras mi propio hijo. ¿Qué necesitas, cincuenta duros? Cuenta con ellos. Aquí estoy para salvarte, no sigas sufriendo.

ROSARIO  Y le prestó el dinero con el insignificante detalle de exigirle una firma.

D. SALVADOR  (*Le muestra un documento.*) Las cosas bien hechas dan mucha tranquilidad. Aquí tenemos cada uno nuestras obligaciones y así se evitan muchas desgracias.

Tío Barret      En el campo un apretón de manos suele bastar.

D. Salvador     Déjate de manos. Yo estoy muy mayor, y gracias a esto, por ejemplo, no pueden decir mis hijos, si yo falto, que te he dado cien cuando te he dado cincuenta.

Rosario         ¿Y qué sabía mi pobre padre lo que hacía cuando puso su firma al pie de ese papel en el que se hablaba de interés, de acumulación de... réditos y de responsabilidad de la deuda? ¡Los muebles, las herramientas, todo cuanto poseíamos en la barraca, hasta los animales del corral, venían en aquel papel!

Pepeta          Pero qué brioso se le vio esos días con su nuevo rocín.

Rosario         Y cómo siguió matándose sobre aquellos terruños que parecían crecer según disminuían sus fuerzas. Y nunca llegaba a formar el montón necesario para acallar a don Salvador...

                *(Los meses han pasado y el* Tío Barret, *agotado, sudoroso y con la azada en la mano, conversa de nuevo con* Don Salvador.*)*

D. SALVADOR Ya no vienes por mi casa.

Tío BARRET Tengo aquí mucha faena y como usted viene por aquí casi a diario... sabía que nos veríamos.

D. SALVADOR Pues no nos hemos visto, no... Yo casi diría que te escondes...

Tío BARRET No, no. Es solo que me habrá pillado por otro lado.

D. SALVADOR Ya... Del semestre de Navidad solo me has entregado una pequeña parte y de San Juan, ni un céntimo.

Tío BARRET Mi mujer está cada vez más enferma. Para pagar los gastos del médico he vendido el oro del casamiento y el collar de perlas, que eran el tesoro de la familia.

D. SALVADOR Ese tesoro bien podía haber pagado el rocín en su día, pero es que lo queréis todo, y mírate, estás peor que tu mujer, te estás matando en este empeño de cultivar unas tierras más grandes que tus fuerzas.

Tío BARRET Tenga paciencia, poco a poco podré ir poniéndome al día...

D. SALVADOR Si no lo hago por mí, si es que es un asunto de buen corazón. Que si continuas así, vas a matarte.

Tío Barret      Pierda cuidado que yo estoy fuerte y podré hacer frente a todo.

D. Salvador     Esto hay que dejarlo, hay que dejarlo, Barret, está decidido.

Tío Barret      ¿Pero que dice usted?

D. Salvador     Me han hecho propuestas de nuevo arrendamiento, y lo voy a aceptar por el bien de todos, te lo aviso para que vayas preparando a tu familia cuanto antes.

Tío Barret      Pero...

D. Salvador     Lo siento, hijo mío, sé que te cuesta mucho dejar esas tierras, pero créeme que es lo mejor para todos.

                (*El* Tío Barret *cae de rodillas frente al viejo.*)

Rosario         Él, que no había llorado nunca, gimoteo como un niño y se arrodillo ante ese miserable pidiendo que no lo abandonase... como si hablara con su padre.

Pepeta          Buen padre se echó el pobre Barret.

Tío Barret      Se lo ruego, se lo suplico, yo pagaré.

D. Salvador     Lo siento mucho, pero no puedo hacer otra cosa.

| | |
|---|---|
| Tío Barret | Pagaré. Se lo juró. Siempre le he cumplido, y le he cuidado esto como si fuera mío, por eso ahora puede arrendarlo sin dificultad. Tiene que esperar, se lo suplico, pagaré, mi mujer se pondrá buena y podré trabajar más y tendré mejores cosechas. |
| D. Salvador | No puedo esperar más. Yo también debo procurar por el pan de mis hijos. Yo también soy pobre, lo hemos hablado muchas veces... Y por eso mismo te recuerdo que tienes que hacer efectivo el préstamo que te hice para la compra del rocín, cantidad que, con los réditos, asciende a... |
| Rosario | El pobre ni oyó los miles de reales a que subía la deuda con los dichosos réditos esos. |
| Tío Barret | Se lo suplico. Pagaré, yo pagaré. |

(Don Salvador *desaparece de escena.*)

| | |
|---|---|
| Rosario | Lo citaron al Juzgado y no compareció. |

(*El* Tío Barret *habla solo entre lágrimas y sollozos.*)

| | |
|---|---|
| Tío Barret | Eso podrá ser para los tramposos, para los que no han pagado nunca, ¿pero yo?, ¿Ir a un juzgado yo que siempre he cumplido?, que nací aquí mismo, que solo debo un año |

de arrendamiento..., ¡quía! ¡Ni que viviera uno entre salvajes, sin caridad ni religión!

(Rosario *también ha roto a llorar por el recuerdo de lo vivido.*)

ROSARIO    Pero cuando vio venir por el camino a aquellos señores vestidos de negro, fúnebres pajarracos con alas de papel enrolladas bajo el brazo, ya no dudó. Aquel era el enemigo. Iban a robarnos.

(*El* Tío Barret *cambia totalmente de actitud y carga su escopeta.*)

Tío Barret    Ya sé yo lo que es esto: enredos de los hombres para perder a las gentes de bien... Pues esta vez no será así.

ROSARIO    Como enloqueció de furor. Nunca lo habíamos visto de esa manera. Agarró la vieja escopeta que tenía siempre cargada detrás de la puerta. Bien claramente se veía que estaba dispuesto a meter dos balas a aquellos bandidos.

Tío Barret    Os lo advierto, estoy dispuesto a tumbar al primero que ponga el pie en mis campos.

PEPETA    No debimos quitarle la escopeta, debimos ponernos todos a su lado y defender la barraca. Por evitar un mal, vino un mal mayor.

(*Los* Vecinos *y* Vecinas *con gran bullicio se abalanzan sobre* Tío Barret *y forcejean con él para quitarle la escopeta. Cuando por fin lo logran, quedan todos a un lado y* Tío Barret, *derrotado, frente a ellos. Los huertanos han dejado caer unos fardos.*)

ROSARIO   Nada nos dejaron coger salvo nuestras ropas y algo de herramienta. Los hombres negros cerraron nuestra casa llevándose las llaves.

TÍO BARRET   Ya nos han hecho salir para siempre de nuestra barraca. No nos queda otra cosa que estos fardos.

(*Los* Vecinos *y* Vecinas *lloran y maldicen contra el viejo avaro en desordenado alboroto, hasta que* Pimentó *interviene.*)

VECINOS
/VECINAS   Maldito avaro. Perro asqueroso. Esos dos de negro no tienen caridad. Pajarracos. ¿Pero como se puede echar así de su casa a gente tan honrada? Y con una enferma.

PIMENTÓ   Tiempo queda para hablar de lo ocurrido; ahora, a cenar. ¡Qué demonios! Afrontaremos lo que venga. No vamos a gemir por culpa de un tío perro. Si el tal viera todo esto, ¡cómo se alegrarían sus malas entrañas! Aquí somos todos la misma familia, venid a nuestras casas, cenemos y mañana Dios dirá.

TÍO BARRET     Pimentó, yo aún no he terminado aquí, devuélveme la escopeta.

(*El pobre* TÍO BARRET, *haciendo uso de las pocas fuerzas que le quedan, forcejea con* PIMENTÓ *intentando recuperar su arma hasta que se rinde.*)

PIMENTÓ     Mira que lo hago por evitar que hagas una desgracia…

TÍO BARRET     Devuélvemela.

PIMENTÓ     Vamos, Barret, aquí ya no haces nada, Pepeta preparará una buena cena.

TÍO BARRET     Si no me la quieres devolver, no lo hagas, pero déjame que me despida de mis campos a mi manera.

PIMENTÓ     Está bien, no hay más que hablar. Vamos todos. Nuestra barraca estará abierta para cuando necesites descanso.

(*Los hombres y mujeres dejan solo al* TÍO BARRET *que saca una hoz y crea una escena de locura destrozando con ella la cosecha. La devastación se escenifica con la ayuda de las* SOMBRAS *que esparcen lo que en su delirio el* TÍO BARRET *destruye sacándolo de los fardos que dejaron en el suelo. Agotado, el campesino cae quedando semi oculto por pajas y verduras. La noche da paso al día y estando en ese estado, ve*

*llegar a* DON SALVADOR. *De un salto se planta
ante él con actitud amenazante. El viejo, horro-
rizado por la hoz en la que se quiebran los rayos del sol, intenta calmar al campesino.)*

D. SALVADOR        ¡Barret, hijo mío!

TÍO BARRET         ¡No me llame hijo!

D. SALVADOR        Deja esa hoz que…

TÍO BARRET         Perro, rata asquerosa. ¡¡Dejarnos en la ca-
lle!!

D. SALVADOR        De otro me lo podía esperar, pero de ti…

TÍO BARRET         Pues ya ve lo que ocurre cuando se deja a
un hombre sin nada que perder.

D. SALVADOR        Pero… Pero… si justamente he venido a
decirte que todo ha sido una broma.

TÍO BARRET         ¡¡Embustero!!

D. SALVADOR        Te lo juro, lo de ayer fue para darte un po-
quito de miedo…, nada más.

TÍO BARRET         No jure, no jure que le va a dar igual.

D. SALVADOR        Mira que he venido a buscarte para decír-
telo… Vas a seguir en las tierras...

TÍO BARRET         ¡¡Pues deme las llaves de la barraca!!

D. Salvador    No las traigo, pero pásate mañana por casa..., hablaremos. Me pagarás como mejor te parezca.

Tío Barret    ¡Embustero! ¡Embustero!

(Tío Barret *ataca con su herramienta moviéndola de un lado a otro, buscando sitio para herir evitando las manos desesperadas que se le ponen delante.*)

D. Salvador    ¡Barret! ¡Hijo mío! ¿Que es esto?... ¡Para... No juegues! Tu eres un hombre honrado. Piensa en tus hijas. Te repito que ha sido una broma. Ven mañana y te daré las lla... ¡Aaay!...

(*En uno de los cruces, la hoz corta una mano.* Don Salvador *ruge de manera horrible con un grito de bestia herida y vacila sobre las piernas, pero antes de caer al suelo, la hoz le alcanza el cuello.* Tío Barret, *como ido, permanece inmóvil mirándolo. Las* Sombras *llenan de sangre a agresor y agredido y se los llevan de escena mientras se hace el...*)

**Oscuro.**

**Acto II.**
Los intrusos.

*En la huerta, impregnada de una luz de oro del sol de la mañana de otoño, suenan voces y llamamientos. Los* VECINOS *y* VECINAS, *haciendo brillar al aire sus azadones, se transmiten a grito pelado de un campo a otro una noticia que estremece, alarma e indigna a toda la vega. Son el eco de quienes están en el centro de todo este clamor.* PEPETA *con ojos de asombro y el pecho jadeante, habla a* PIMENTÓ. *La labradora porta los mismos cestos e indumentaria que en su conversación de la madrugada con* ROSARIO.

| | |
|---|---|
| VECINOS /VECINAS | Las tierras del tío Barret... Una familia entera... van a trabajar y a vivir en la barraca… Pepeta lo ha visto… |
| PEPETA | Las tierras del tío Barret... Una familia entera... van a trabajar… van a vivir en la barraca. |
| PIMENTÓ | ¿Pero qué dices? |
| PEPETA | Los he visto, ahora mismo, cuando venía hacia aquí. |

| | |
|---|---|
| Vecinos /Vecinas | Pepeta lo ha visto... Las tierras del tío Barret ya tienen arrendatario... Una familia entera... va a trabajar y a vivir en la barraca... |
| Pimentó | ¿Estás segura? |
| Pepeta | Tan segura como que hay Dios. |
| Vecinos /Vecinas | Tan seguro como que hay Dios... Pepeta lo ha visto... ya tienen arrendatario... un desconocido... está allí con toda su familia... van a trabajar y a vivir en la barraca... |
| Pepeta | Y justo hoy que he hablado con la pobre Rosario. Cuando al demonio le da por jugar, no hay donde esconderse. |
| Vecinos /Vecinas | Las tierras del tío Barret ya tienen arrendatario... está allí con toda su familia... como si aquello fuese suyo. |

(*Los alterados* Vecinos *abandonan los campos y la escena se despeja quedando una falsa calma. Varias columnas de humo rodean a un hombre enérgico, rudo, musculoso, de espaldas de gigante, que mira sus nuevos campos: es* Batiste. *Las* Sombras *se mueven cerca de él haciendo sonar cencerros y campanillos hasta quedar a un lado. Un viejo apergaminado y*

*amarillento, con los ojos hundidos y lechosos,
va caminando entre ellas tanteando el terre-
no con un cayado. Al notar que se detienen y
vuelven sobre sus pasos, les chista y grita para
que sigan adelante.)*

TÍO TOMBA     ¡Yeee! ¡Vamos, vamos!

BATISTE     Buenos días buen hombre. Siento que sus
animales ya no puedan pasar por aquí, estas tierras vuelven a ser de cultivo, pero
cualquier otra cosa que precise, aquí está
Batiste para lo que le haga falta.

TÍO TOMBA     Batiste… Entonces es verdad… He debido
imaginarlo al olor de las fogatas… Bien te
has aplicado.

BATISTE     Se hace lo que se puede.

TÍO TOMBA     Tantos años de abandono han amontona-
do mucha miseria que quemar sobre estas
tierras.

BATISTE     Hay mucho que hacer, pero cuando se tiene voluntad y hay que ganarse el pan todo
trabajo es poco.

*(El anciano pastor avanza la cabeza, hacien-
do esfuerzos para ver con sus ojos casi muertos al hombre que osa realizar lo que toda la
huerta tenía por imposible.)*

| | |
|---|---|
| Tío Tomba | Hijo mío, ¿y no te resulta extraño que a la vista de este humo nadie haya venido a daros la bienvenida? ¿Por qué…, no ha venido nadie, verdad? |
| Batiste | Es normal. |
| Tío Tomba | ¿Normal? |
| Batiste | Por la desconfianza que se tiene siempre de los recién llegados… ya se irán acostumbrando. |
| Tío Tomba | ¿De verdad piensas cultivar las tierras del tío Barret? ¿Pero tú no sabes lo que aquí pasó? |
| Batiste | Algo sé. |

(*El* Tío Tomba *calla un momento y murmura para sí tristemente.*)

| | |
|---|---|
| Tío Tomba | Ya veo, la miseria no tiene oídos; a ti te convienen estos campos, y en ellos te quedas. ¿Que te importan a ti las historias viejas de don Salvador y el tío Barret? Tú solo quieres conquistar el pan para tu familia. |
| Batiste | ¿Es que no es esa la obligación de un padre? |
| Tío Tomba | En mi juventud yo también fui atrevido y me gustaba llevar a todos la contraria, pero cuando son muchos los enemigos no hay que dar batalla. |

BATISTE        Yo a mi trabajo. Nadie podrá decir que doy guerra.

               (*El ciego habla con cierta entonación de hechicero o de profeta que ve la ruina en el porvenir.*)

TÍO TOMBA      Te has metido en un paso difícil. Estas tierras están malditas. Puedes creerme, te lo dice el tío Tomba que es viejo y ha visto mucho, más de lo que quisiera.

BATISTE        Pierda cuidado, la maldición se romperá a base de azada, ya lo verá.

TÍO TOMBA      El hambre trae mucho odio.

BATISTE        De no tener qué llevarnos a la boca mi familia y yo sabemos un rato, y a nadie odiamos.

TÍO TOMBA      Ya veo que en nada me vas a hacer caso aunque te diga que otros antes que tú han intentado trabajar estas tierras y no han podido. Hijo mío, escúchame, te estás metiendo en el peor camino de tu vida.

BATISTE        No puede ser peor que lo que ya hemos andado. Venimos de pasar mucha hambre, pero ha querido la fortuna que dos excelentes señores, Dios los bendiga, me den esta hermosura de campos libres de arrendamientos por dos años. Donde usted ve desgracias, yo veo un porvenir.

TÍO TOMBA    Ya entiendo, ya… A ver como te va con Pi-
             mentó, de él depende el riego. Ese gallo es
             el que establece los turnos y vigila que se
             cumplan cuando no está dejándose invitar
             en la taberna o cazando pajarillos. Guárda-
             te mucho de él, es muy enemigo del traba-
             jo y tiene mucho tiempo para estorbar lo
             que a él le parece.

BATISTE      No le daré motivo de queja.

             (*El pastor llama a su rebaño, y las* SOMBRAS
             *hacen sonar sus campanillos emprendiendo la
             marcha.*)

TÍO TOMBA    Créeme, hijo mío; estas tierras están mal-
             ditas, te traerán desgracia… Te traerán des-
             gracia.

             (*El anciano repite sus últimas palabras a la vez
             que las* SOMBRAS *ocultan entre ellas a los dos
             hombres mientras el caótico sonido de los cam-
             panillos se transforma en una inquietante me-
             lodía. Una vez finalizada la música, la escena
             cae en el vacío, y tras un suspiro de silencio,
             en el patio de la taberna,* VECINOS *y* VECINAS
             *hablan entre ellos muy alterados y expectan-
             tes sobre todo por la respuesta de* PIMENTÓ *que,
             apoyado en su escopeta, los oye con cierta con-
             fusión y sin saber muy bien qué decirles.*)

VECINA 1     ¿Pero has visto a que velocidad trabajan?

| | |
|---|---|
| VECINO 1 | En la barraca no queda ni una grieta, y ya han enlucido las paredes. |
| VECINO 2 | La mujer y la hija las han enjalbegado de un blanco deslumbrante. |
| VECINA 2 | La puerta ha quedado como nueva pintada de un azul que se ve a distancia. |
| VECINA 3 | Y se pasan las horas de la tarde cosiendo en la plazoleta de ladrillos rojos que les ha hecho ese… Ese Batiste. |
| VECINO 3 | Eso era antes, que ahora a la hija la han contratado en la fábrica. |
| VECINA 2 | Y ya gana casi el máximo de jornal. ¡3 reales diarios y acaba de empezar! |
| VECINA 3 | Dice mi Ángeles que se las da de callada y laboriosa, que no para casi ni a secarse el sudor y que siempre sale la última, y que así las deja a las otras en evidencia. |
| VECINO 4 | La hija sale la última por no encontrarse con las nuestras que la tienen aterrorizada. Pimentó, lo que no estamos haciendo nosotros, lo están haciendo las chicas… Debería darnos vergüenza. |
| VECINO 3 | Os digo yo que se están burlando de nosotros. |

VECINO 5     Nos están retando. Nos están buscando, más claro, agua.

VECINO 4     ¿Y el pozo? No me digáis que no oís los chirridos de la garrucha...

VECINO 2     Claro que lo oímos, si parece la carcajada de una vieja maliciosa que se ríe de toda la huerta.

VECINA 1     Y menudo corral con paredes de estacas y barro...

VECINO 1     Y han echado gallinas.

VECINO 2     Y un buen gallo.

VECINA 3     Y hay macizos de dompedros y trepadoras por todas partes para que veamos bien que no solo es por necesidad lo que hacen.

VECINO 1     ¡No sabe donde se ha metido ese fanfarrón!

VECINO 3     Pimentó, esto se tiene que acabar, el tío Tomba ya no puede meter sus ovejas en esa tierra.

VECINA 2     ¿¡Puede eso consentirse!?

VECINO 3     Pimentó, ¿es que no oyes lo que decimos?

| PIMENTÓ | ¿¡Cómo no os voy a oír!? Y más os digo: todo lo que vociferáis bien lo sé yo, ¿o es que no tengo ojos en la cara? |
|---|---|
| VECINO 2 | ¿Y que piensas hacer? |
| PIMENTÓ | ¿Pues que queréis que haga? Habrá que decirle dos palabritas a ese advenedizo que se mete a cultivar lo que no es suyo. |
| VECINO 4 | Háblale muy seriamente, si tú le dices que se vuelva a su tierra, por fuerza tiene que hacerte caso. |
| VECINA 1 | Dile que no sea tonto y que aquí no tiene nada que hacer. Que se vaya antes de que sea más lo que pierde. |
| PIMENTÓ | Vais listos si creéis que va a ser tan fácil… |
| VECINO 5 | Pues tiene que irse, por la memoria del tío Barret. |
| VECINOS /VECINAS | Sí, por la memoria del tío Barret. Si el tío Barret levantara la cabeza. ¿Qué diría Barret de nosotros? El tío Barret no perdonaría que consintamos esto. El tío Barret nos mira desde arriba, se tienen que ir. |
| PIMENTÓ | Calma, calma, calma… (*Alza la escopeta.*) ¿Por qué creéis que me acompaña esta todos |

los días y a todas las horas? La cosa es que el tal Batiste no sale de esos campos, ya debe saber que lo ando buscando. Cuatro semanas hace que llegaron y no ha salido de las tierras del tío Barret. Y no es cosa de ir a amenazarle allí dentro. Eso es dar el cuerpo demasiado si no termina el encuentro con la conversación. No tiene arma y los hijos son poca cosa, pero entre todos aún pueden hacerme el lío.

VECINO 2    Alguna vez tendrá que salir el muy gallina.

PIMENTÓ    Por eso digo que tengáis un poco de paciencia. Yo os aseguro que ese no cosecha nada en los campos del tío Barret. Si se atreve a sembrar, todo será para el demonio. Os lo juro. Volved tranquilos a vuestras casas, todo se andará más pronto que tarde.

(*Los* VECINOS *se retiran quedando* PIMENTÓ *solo, pero enseguida ve a* BATISTE *que viene hacia él por la senda. El labrador saluda y sigue su camino, pero* PIMENTÓ *lo intercepta de manera brusca, nada amable y dando protagonismo a su arma.*)

BATISTE    Con Dios.

PIMENTÓ    A ti te quería yo ver.

BATISTE    Pues… visto quedo.

PIMENTÓ  Y hablar.

(BATISTE *habla con calma, y* PIMENTÓ, *confundido por la serenidad del intruso que aparentemente no siente miedo en su presencia, sigue intentando intimidarlo.*)

BATISTE  Llevo prisa.

PIMENTÓ  No me extraña, no es prudente salir por estos caminos sin una mala navaja.

BATISTE  Tenía yo por pacíficas a las gentes de estos contornos.

PIMENTÓ  Lo son cuando se es razonable y no se va en contra de todas sus creencias y costumbres.

BATISTE  Tal cosa no hago.

PIMENTÓ  Mira, solo quiero darte dos razones, dos razoncitas nada más.

(BATISTE *se decide a escuchar a* PIMENTÓ *lamentando en su interior no llevar consigo navaja ni hoz, pero sereno y cruzando sobre el pecho los forzudos brazos. El valentón mide con una mirada al odiado intruso, y le habla con voz melosa, esforzándose por dar un tono de bondadoso consejo.*)

BATISTE  Te escucho.

PIMENTÓ   Es mejor que dejes las tierras del tío Barret antes de empezar a sembrarlas.

BATISTE   Ni por pienso. Y no me hacen falta más razones, ahórrate la segunda.

PIMENTÓ   Tu presencia aquí es una ofensa, y la barraca casi nueva un insulto a la pobre gente.

BATISTE   Mira, cada cual que se meta en su negocio, que yo haré bastante cumpliendo con el mío sin faltar a nadie.

PIMENTÓ   Debes creer a los hombres que conocemos las costumbres de la huerta.

BATISTE   No voy a dejar lo que está regado con el sudor de los míos y que nos dará el pan si así Dios lo quiere.

(PIMENTÓ, *acostumbrado a que le tiemble toda la huerta, se muestra cada vez más desconcertado por la serenidad de* BATISTE.)

PIMENTÓ   Creo que no me entiendes. Sigue mi consejo y vete a otra parte con tu familia.

BATISTE   ¿Marcharme? No hay guapo que me haga abandonar lo que ahora es mío.

PIMENTÓ   Te lo estoy pidiendo como hombre que quiere bien, pero si no sales de esas tierras, tú verás a lo que te expones. No vamos a consentir que faltes a la memoria del tío Barret.

BATISTE
Yo soy hombre pacifico, ¿estamos?; pero si me buscan las cosquillas, soy tan valiente como el que más. Puedes decir a todos que no me voy.

(BATISTE *sigue su camino pasando por delante del matón y dándole la espalda con despectiva y falsa confianza.* PIMENTÓ, *rabioso y desconcertado por la serenidad de su vecino, sigue hablándole.*)

PIMENTÓ
¿¡Es tu última palabra!?

BATISTE
Lo es. Aquí nos quedamos le pese a quien le pese. Que tengas buen día.

PIMENTÓ
¿Te burlas de mí?

BATISTE
En absoluto, y más sabiendo que das los turnos del agua… Y ya que estamos, dime, ¿qué hora correspondía al tío Barret?, porque digo yo que ahora me corresponde a mí.

(PIMENTÓ, *cada vez más furioso, responde con ira contenida.*)

PIMENTÓ
No lo sé.

BATISTE
¿No lo sabes? ¿Y lo sabrá el tribunal de las aguas?

> (*Los hombres se hunden en un largo y profundo silencio que se rompe con una respuesta lenta y calmada.*)

PIMENTÓ       Las cinco.

BATISTE       Buena hora.

PIMENTÓ       Me las pagarás, ¿me oyes?

> (PIMENTÓ, *extrañamente tranquilo ahora, abandona el lugar y* BATISTE *relaja su musculatura consciente del peligro vivido. El espacio cae en vacío y se hace presente la imagen y la voz del pastor, que permanece a su lado, y el eco de las* SOMBRAS *que caminan en círculo a su alrededor mientras vierten agua de un recipiente a otro.*)

TÍO TOMBA     Estas tierras te traerán desgracia.

SOMBRAS       Estas tierras te traerán desgracia... Te traerán desgracia.

TÍO TOMBA     Ya has labrado la mitad de las tierras.

SOMBRAS       Te traerán desgracia.

TÍO TOMBA     Pronto llegará San Martín. No siembres, Batiste…

SOMBRAS       No siembres, Batiste, márchate y no siembres.

SOMBRAS            Te traerán desgracia.

TÍO TOMBA          Ya ha pasado San Martín y has sembrado en las tierras malditas el trigo y las habas, y forraje para el rocín…

(*El* TÍO TOMBA *desaparece de la escena.*)

SOMBRAS            Ya has sembrado… has sembrado.

SOMBRAS            Ya has sembrado y riegas.

SOMBRAS            A las cinco.

SOMBRAS            A las cinco.

(*Una sombra ofrece agua a* BATISTE *y él se lava la cara con gran placer.*)

BATISTE            El porvenir está asegurado. Las tierras de la huerta no engañan; de aquí saldrá el pan para todo el año.

(*Las* SOMBRAS *tiran al suelo los recipientes vacíos provocando un sonido estridente y desordenado que da fin a la escena.* ROSETA, *la hija mayor de* BATISTE, *está parada frente a un escaparate iluminado. Pasados unos segundos, un chico de más o menos su edad, llega hasta ella.*)

ROSETA            ¡Tonet! Qué casualidad encontrarnos tantos días seguidos en el mismo sitio. ¿De donde vienes?

TONET    De ahí.

ROSETA    ¿De ahí? ¿De donde?

TONET    Pues de ahí… De ahí.

ROSETA    Me gustan los escaparates. Es todo tan bonito detrás del cristal. Tan silencioso… Tan limpio y tranquilo… Y todos los maniquíes sonríen.

TONET    Sí…

(TONET, *un muchacho tímido que contrasta con la simpatía y el carácter abierto de* ROSETA, *mira como se sienta de espaldas al cristal y, tras dudar, se sienta también de manera que ni se rozan.*)

ROSETA    Estoy muy contenta.

TONET    ¿Tienes frío?

ROSETA    ¿Frío? No… Bueno, un poco.

TONET    Yo... tengo calor.

(TONET *se quita el abrigo y se lo da sin acercarse a ella. Durante la conversación, plagada de silencios, el muchacho la mira arrobado siempre que* ROSETA *no lo ve y se guarda bien de quitarle la mirada si ella se dirige a él directamente.*)

ROSETA      Antes no me daba cuenta de lo bonitos que son los escaparates porque solo pensaba en que pasara el tiempo suficiente para no volver a encontrarme a las otras..., y en que todavía me quedaba atravesar la huerta oscura con sus ruidos misteriosos y sus bultos negros... No sabes las historias que oigo en la fábrica sobre Pimentó y los otros hombres que se reúnen en la taberna. Dicen que aprovechando la oscuridad empujan a las muchachas al fondo de las regaderas o las hacen caer detrás de los pajares y... y... bueno, ya sabes... Y también cuentan que unos verdugos que nadie sabe quienes son han matado a muchos niños para sacarles las mantecas y hacer con ellas medicinas para los ricos.

TONET      His... Historias de la huerta... No tienes que hacer caso.

ROSETA      La verdad es que no me dan miedo ni el silencio ni la oscuridad, estoy acostumbrada a ellos y no creo en muertos ni en brujas y fantasmas como las otras. Los que me dan miedo son los vivos. A la ida los insultos y las risas de las de la huerta, y a la vuelta lo peor es pasar por delante de la taberna. Al llegar cerca y oír el estallido de carcajadas y las coplas desafinadas a grito pelado, siempre me pongo a temblar... Pero ya da igual, ya no tengo miedo.

TONET       He traído altramuces.

            (*Los chicos comen más por llenar los silen-*
            *cios que por el gusto de comer.*)

ROSETA      Tú me das confianza. Aunque de las de la fá-
            brica no podría protegerme ni el mismo Dios
            que bajase empeñado en librarme de ellas...
            Dicen que somos los enemigos de sus fami-
            lias, y todo por querer lo mismo que ellas
            tienen y trabajar duro... Dicen cosas muy
            feas también de ti: que eres un infeliz y que
            te matas a trabajar por una cama y un pla-
            to de comida para ti y para tu tío el pastor,
            pero yo, oídos sordos. Y si pienso algo es
            que eso te honra. Y ya no tengo miedo al
            regreso. Esos miedos se sienten cuando vas
            solo, pero ahora me acompañas tú.

TONET       Yo... yo te voy a acompañar todos los días.
            Siempre tengo asuntos del amo que hacer
            aquí en Valencia.

ROSETA      ¿Sabes como me dicen ahora? La pastora...
            Como eres sobrino del tío Tomba... Ahora
            lo único que me da miedo es mi padre. An-
            tes estaba deseando que llegara pronto la
            primavera con sus tardes más largas para
            volver a la barraca antes de que oscurecie-
            se, pero ahora... Pronto no nos ocultará la
            noche, y si no nos descubre la luz, el vien-
            to traerá el chisme de la pastora a nuestro
            corral. ¡Qué paliza voy a ganarme! No sé

Tonet… No sé si hago bien… Y es que vamos a ver, ¿tú, por qué vienes todos los días? (ROSETA *espera una respuesta que no llega pues* TONET *solo atina a mirar al suelo.*) Tonet, por algo lo harás, que seguro que todos los días no es casualidad que pases por aquí, y si mi padre se entera, me va a deslomar. ¿Me lo vas a decir? A ver, yo necesito que me digas algo… Bueno, si no quieres hablar, no hables, pero no sé si voy a poder seguir aceptando tu compañía por mucho que sea lo que más me gusta del día... Anda, vámonos.

(*El chico, aterrado por lo que va a decir, habla al fin.*)

TONET     Porque te quiero.

ROSETA     ¿Qué has dicho?

TONET     Eso.

ROSETA     ¿Eso? Pues que vengan los garrotazos, que ya dejarán de doler.

(*La escena cambia y se hace presente el AL-GUACIL del tribunal de las aguas, rígido y majestuoso, y habla a las gentes que lejos de hacerle mucho caso, hablan entre ellas y no están quietas. Mientras el funcionario hace la introducción, la escena se compondrá alrededor de un sofá de damasco en el que se sentarán los jueces.*)

| | |
|---|---|
| Alguacil | Es jueves y, según nuestra costumbre que data de siglos, el Tribunal de las Aguas va a reunirse aquí, en la puerta de los Apóstoles de la catedral de Valencia. Todo aquel que tenga agravios, denuncias o quejas, que se acerque. Los jueces de las siete acequias escucharán y dictarán sentencia.

*(Dos labriegos ricos, vestidos de negro, con alpargatas blancas y pañuelos de seda bajo el ancho sombrero, hacen acto de presencia y se sientan.)* |
| Juez 1 | Se abre el tribunal.

*(Se hace un silencio absoluto.)* |
| Alguacil | Llamo a Bautista Borrull denunciado por infracción y desobediencia en el riego. |
| Juez 2 | Acérquense el denunciado y el atandador de la partida.

*(Un* Pimentó *ufano, pero mostrando una gravedad inusual en él, y* Batiste, *pálido de indignación, se acercan a los jueces.)* |
| Juez 1 | *(A* Pimentó.*)* Habla. |
| Pimentó | Pocas veces me habéis tenido que escuchar puesto que en mi partida todos tenemos gran respeto a este tribunal y nos sentimos |

orgullosos de esta justicia salida de nuestra clase y que no necesita papeles ni escribanos que solo sirven para enredar a los hombres honrados. La gente labradora agradecemos que aquí no haya secretarios, ni plumas, ni días de angustia esperando la sentencia, ni guardias terroríficos, ni nada más que palabras. ¿Pues qué vale más que la palabra de un hombre? Con todo el respeto por el tribunal, estas son mis palabras: es la cosa que cumpliendo con mi responsabilidad como atandador que representa la autoridad de la acequia en mi partida, le di a este hombre la hora para regar su trigo, las dos de la mañana, pero…

BATISTE    ¡Mentira! Eso es mentira.

ALGUACIL   ¡¡Silencio!!

BATISTE    ¡¡Pero lo que ha dicho es mentira!!

ALGUACIL   ¡¡Silencio, silencio!! ¡¡No es tu turno!!

JUEZ 2     Si no guardas silencio se te impondrá una multa.

JUEZ 1     Continúe el atandador.

PIMENTÓ    Como decía, di a este hombre las dos como la hora para regar su trigo, pero él, seguramente por no querer levantarse a esa hora, contraviniendo mi palabra, regó a las cinco cuando el agua ya era de otros robando el riego a los demás vecinos...

Batiste ¡¡No me puedo callar!! Él me dijo que mi hora era...

Alguacil ¡¡Silencio, silencio!!

Batiste ¡¡Las cinco, él dijo las cinco!!

Alguacil ¡¡Silencio, silencio!!

Batiste ¿¡¡Pero qué tribunal es este que tiene por servidores a embusteros!!?

Juez 2 ¡¡Cuatro sueldos de multa!!

Batiste ¿¡Qué!?

Juez 2 Ya lo has oído, cuatro sueldos de multa. Y si no dejas de faltar al respeto al tribunal se te prohibirá el riego por todo un año.

(Batiste *baja la cabeza y cierra con fuerza los ojos para que no se vea que los tiene empañados por lagrimas de cólera.*)

Juez 1 (*A* Pimentó.) Continúa.

Pimentó El primer delito ya lo he referido: alzar la compuerta sin permiso. El segundo también: robar el riego a los demás vecinos. Y

el tercero, es que todo ello lo ha hecho que-
riendo oponerse a viva fuerza a las órdenes
del atandador.

JUEZ 1    Habla tú ahora.

(BATISTE, *hombre de pocas palabras y agobia-
do por la injusticia, solo consigue balbucear.*)

BATISTE    Me... me ha engañado; Es un embustero... Me dijo las cinco para traerme aquí
a que me pongan una multa... Esta es la
verdad.

JUEZ 1    ¿Dónde están sus testigos?

BATISTE    No tengo... Pero... Pero es imposible que
ustedes, señores síndicos, ustedes que son
los amos del agua; que en sus manos está
la vida de las familias, el alimento de los
campos, el riego oportuno cuya carencia
mata una cosecha, ustedes, todos buenas
personas, es imposible que se fíen de un
sinvergüenza como este.

JUEZ 2    Silencio. Estás faltando al respeto a un servidor del tribunal. No tenemos nada más
que oír.

ALGUACIL    ¡El tribunal ha escuchado!

(*Los jueces cuchichean entre ellos preparando la sentencia.*)

| | |
|---|---|
| Juez 1 | El tribunal sentencia. |
| Alguacil | ¡El tribunal sentencia! |
| Juez 2 | Pagará el Bautista Borrull un turno de riego… |
| Batiste | ¡Pero el agua es escasa, no volverá a tocarme hasta…! |
| Alguacil | ¡Silencio! |
| Juez 2 | Pagará un turno de riego y dos libras como pena, y los cuatro sueldos de multa. |

(*El rigor de pena y multa deja a* Batiste *desolado, hundido. Todo desaparece a su alrededor.*)

| | |
|---|---|
| Batiste | Esa multa se va a llevar el montoncito que ha guardado Teresa para las alpargatas nuevas de los pequeñuelos. Y la pena… El riego… El trigo… La esperanza de la familia… Si no hago algo, van a cumplir su amenaza y no segaré ese trigo. ¡Rediós! ¿Dónde están las nubes que puedan salvarnos? Ahora comprendo por qué los hombres matan… Yo soy un hombre de paz y solo intento ser un buen padre. |

(*La vida regresa, y* Teresa, *su mujer, le alcanza una silla en la que se sienta sin decir nada.*)

| | |
|---|---|
| Teresa | Batiste por dios, háblame, ¿qué ha pasado en el tribunal? |

BATISTE        Todos nos odian Teresa. Esto no es vivir.

TERESA        ¿Pero qué ha pasado?

BATISTE        Por quien más temo es por los chicos, y más por Pascualet.

TERESA        ¿Por qué? ¿Se ha hablado de ellos en el tribunal?

BATISTE        No, no, ¿cómo va a ser eso?, pero no puedo dejar de temer por los pequeños.

TERESA        Me has asustado… Yo también sufro todos los días… Llevan jornadas volviendo de la escuela sudorosos y llenos de polvo como si se hubieran revolcado en el camino, y con los pantalones rotos y las camisas desgarradas.

BATISTE        Son las señales del combate.

TERESA        Ya lo sé… Ellos no cuentan nada, pero Pascualet llega todos los días llorando, aterrado, y me lo dice todo mi pobre hijo. Cómo los están haciendo sufrir.

BATISTE        Tú sigue curándolos y no les preguntes.

TERESA        Únicamente les pido que cuiden de Pascualet, que es muy pequeño, que miren que solo tiene cinco añitos, que no dejen que le hagan nada.

| | |
|---|---|
| BATISTE | Nadie nos aprecia aquí. |
| TERESA | Las mujeres se apartan a mi paso sin dignarse a saludarme. Y a Roseta tampoco se le acercan ni le hablan las muchachas de su edad… Últimamente la veo más contenta, pero yo sé que se muere de tristeza por no tener amigas. |
| BATISTE | Pobre hija. |
| TERESA | ¿Quieres comer? |
| BATISTE | No tengo hambre. |
| TERESA | Batiste, ¿no me vas a contar lo que ha pasado con la denuncia? |
| BATISTE | Me han puesto dos libras y cuatro sueldos de multa y no puedo regar hasta el siguiente turno. La tanda que me ha robado Pimentó con sus astucias de mal hombre hace que no me corresponda hasta pasados quince días. |

(TERESA *ya no puede contener las lágrimas.*)

| | |
|---|---|
| TERESA | Madre santísima… pero si está brotando el trigo, ¡cómo no vas a regar! Y yo no puedo hacer más economías. De nada sirve que yo sea guardadora si luego nos lo quitan todo. |
| BATISTE | No llores, ya pensaremos qué hacer. |

TERESA     ¿De dónde vamos a sacar para comer si todo lo que tenemos se lo lleva el tribunal?

BATISTE    No lo sé, Teresa, no lo sé…

           (*La mujer incapaz de contenerse, con repenti-na rabia, grita a sus vecinos. BATISTE alarma-do, la sujeta para que no salga al camino.*)

TERESA     ¡¡¡Pillos, más qué pillos!!! ¡¡¡Mentirosos!!! ¡¡¡Mentirosos!!! ¡¡¡Sois mala gente!!!

BATISTE    Teresa, mujer, tranquilízate, calla la boca, tranquilízate.

           (*La mujer llora en los brazos de BATISTE has-ta que él la sienta.*)

TERESA     Reina y soberana, se han propuesto arrui-narnos… Qué disgustos a la hora de comer. ¿Tú crees que aguantará el trigo?

BATISTE    No lo sé…

TERESA     ¿Y si no aguanta?

BATISTE    Pues eso.

TERESA     Después de tanta miseria…

BATISTE    Por un sinvergüenza… Y aún dicen que los hombres se pierden… Si no hubiera Guar-dia Civil…

| | |
|---|---|
| Teresa | No digas eso, no digas eso, bastante desgracia tenemos ya. |

(*El matrimonio deja la conversación al entrar* Roseta, *su hija, con la ropa desgarrada y fuera de su sitio, completamente despeinada, llorando sin contención y malherida.* Batiste *se pone bruscamente en pie.*)

| | |
|---|---|
| Batiste | ¡Roseta! |
| Teresa | ¡¡Sangre!! Dios bendito, hija mía, ¿qué te ha pasado? |
| Roseta | Dicen que eres un ladrón… |
| Batiste | ¿¡¡Qué!!? |
| Roseta | Me han pegado porque dicen que eres un ladrón… |
| Batiste | ¿¡Quién lo dice!? |
| Roseta | En la taberna… |
| Batiste | ¿¡¡Has ido a la taberna!!? |
| Roseta | No, claro que no. A la fuente…, y las muchachas me han insultado. Dicen que hemos huido de nuestro pueblo porque allí te conocen demasiado; que por eso hemos venido a la huerta a apoderarnos de lo que no es nuestro. |

BATISTE · ¿Y qué más dicen?

TERESA · Batiste, déjala, tengo que curarla, bastante tiene ya…

(TERESA *atiende las heridas de su hija.*)

BATISTE · Quiero saber todo lo que se dice.

ROSETA · Que has estado en presidio.

BATISTE · Gentuza, pero ¿qué ganan con inventar y sembrar tanto odio?

ROSETA · La sobrina de Pimentó se ha puesto a decir que en la taberna cuentan todo eso y, de repente, todas han empezado a gritarme ladrona y a pegarme…

BATISTE · Son inventos de Pimentó que los otros acogen con gozo…

TERESA · ¿Pero con qué te han golpeado para hacerte esta herida?

ROSETA · Me estaban pegando y empujando y me he caído, y me he golpeado con una piedra… Todas han salido corriendo al ver la sangre…

TERESA · ¡Señor! ¡Señor!… Encima cobardes… Estas gentes son peor que demonios…, ¿puede ocurrir tal crimen en tierra de cristianos?

| | |
|---|---|
| BATISTE | Lo ocurrido te enseñará a no pasear por gusto en la huerta. Debemos evitar todo roce con los demás. Los chicos pequeños tienen que ir a la escuela, pero tú nada tienes que hacer fuera de tu casa. Se acabó el ir a Valencia a trabajar a la fábrica. |
| ROSETA | ¡No! Eso no… |
| TERESA | Pero ese dinero nos hace falta… |
| BATISTE | Más falta nos hace la hija viva. Y de esta casa no sales si no es conmigo o con tu madre a misa. |
| ROSETA | Padre por favor… |
| TERESA | No puedes encerrarla, tiene que distraerse… |
| BATISTE | Ya lo habéis oído. (A ROSETA.) Cuídate de obedecerme o lo lamentarás. |
| ROSETA | Por favor… |
| TERESA | No les basta con calumniarte ante el tribunal para que te pongan multas injustas, también lo hacen en sus casas y en la taberna para que sus hijos e hijas persigan a los chicos y a la pobre Roseta como si los infelices tuviesen culpa de algo. ¿Y todo por qué? Porque queremos vivir trabajando como Dios manda, sin ofender a nadie. |

*(Los tres quedan en silencio. Las mujeres lloran hasta que* BATISTE, *resuelto a no dejarse vencer, ordena con energía.)*

BATISTE    ¡A regar!

TERESA    ¿Qué?

BATISTE    ¡A regar te digo!

TERESA    ¡Por Dios, Batiste! ¡Te impondrán una multa mayor!

BATISTE    Yo sé lo que me hago.

TERESA    ¡Nos quitarán el agua para siempre!

BATISTE    A mí no me aprecian ni me respetan, pero yo sé lo que va a callar esas bocas. Trae la escopeta.

TERESA    ¡Batiste!

BATISTE    No te preocupes, no soy tan tonto de perderme por ese sinvergüenza de Pimentó y por cuatro vecinos envidiosos. Pero te digo yo que en cuanto me vean con la escopeta nueva las cosas van a cambiar. ¡A regar!

TERESA    No sé…

BATISTE    Mi familia está antes que nadie. Que sepan que estoy dispuesto a defender a los míos de los mayores peligros. Yo tengo el deber de manteneros y lo voy a hacer. Capaz soy de convertirme en ladrón para daros de comer, y esto no se trata de robar, sino de salvar la cosecha, la cosecha que es mía y muy mía.

TERESA      ¿Seguro?

BATISTE      Con el arma sobre el brazo y el dedo en el gatillo, pero a regar.

TERESA      (*Le da la escopeta.*) A regar.

BATISTE      Tal vez los de abajo se quejen; tal vez Pimentó ronde por las inmediaciones, pero aquí está Batiste guardando la cosecha, guardando a los míos y dispuesto a soltarle un escopetazo al primero que intente echar la barrera restableciendo el curso legal del agua o venir a mi casa a decirme lo que tengo que hacer. ¡¡A regar!!

TERESA      ¡A regar!

BATISTE      Que toda la huerta se entere de que en la barraca de Batiste somos pobres, pero hay un objeto de valor: una escopeta de dos cañones. ¡¡¡A regar!!!

(*El matrimonio sale, y el sonido del agua corriendo por la acequia inunda la escena. Ro-seta se quita la cura y se arregla las ropas.*)

*Cuando ya no le queda señal de sus heridas, reza a una pequeña imagen que sostiene entre sus manos.)*

ROSETA   Madre queridísima, ayúdanos. Como el trigo crece formando un oleaje verde bajo los rayos del sol, crece el odio de estas gentes por nosotros, y cuando dejas correr la rabia como si fuera el agua de la acequia sin compuertas, nada la detiene... Mis pobres hermanos han sufrido meses de correr huyendo de peleas, y siempre han conseguido salvar al pequeño... Y por una vez que no han podido, por poco nos lo matan... Virgen amadísima, ya está el trigo más alto que Pascualet, ayúdalo a vivir.

*(En el interior de la barraca están el MÉDICO y TERESA con los ojos hinchados y enrojecidos y el pelo en desorden, con aspecto cansado de varias noches pasadas en vela. Los acompañan ROSETA en un estado similar al de su madre y sin dejar de llorar, y BATISTE con la falsa calma del hombretón y ofreciendo una expresión tan dolorosa como los lamentos de su esposa.)*

TERESA   No se le van los temblores ni cuando lo cojo en brazos.

MÉDICO   Sigan con los paños fríos, no hay otra cosa que podamos hacer.

TERESA  ¿Es que va a dejar el Altísimo que una criatura de cinco añitos sufra más?

ROSETA  ¿Pero se va a curar, verdad doctor?

MÉDICO  Las aguas estancadas y el cieno son muy dañinos. Son ya muchos días de fiebre, está muy débil.

TERESA  ¿Qué… quiere decir? Ay, dios mío, no quiero ni pensarlo.

MÉDICO  Volveré al anochecer, no les voy a mentir, Pascualet está muy grave, no sé si llegará a mañana.

TERESA  Altísima Madre, escucha nuestros ruegos…

ROSETA  Dios mío, ayúdanos…, no dejes que eso pase.

TERESA  Malditas tierras y malditas sean sus gentes.

BATISTE  No cargues en las tierras lo que es solo de los hombres… de ellas no podemos quejarnos, nos devuelven con creces el trabajo que les damos, los trigos ya están altos y verdes.

MÉDICO  En el fondo son buena gente. Muy brutos, capaces de las mayores barbaridades, pero todo por la falta de conocimiento.

TERESA  ¿Buena gente? Un día y otro día y otro día y otro día han atacado a nuestros pequeños al regreso de la escuela los hijos de los que en la taberna juran acabar con el padre…

MÉDICO      Aquí lo que se necesita es instrucción. El conocimiento lo cambia todo. ¿Qué culpa tienen si nacieron para vivir como bestias y nadie los saca de su condición?

TERESA      Eso es, bestias es lo que son. Animales, que son peor que animales… No son niños, son demonios sacando el odio de los padres… Tirar a la acequia a mi chiquitín… Animales.

(*De pronto* BATISTE *se levanta alarmado y se dirige a* ROSETA.)

BATISTE      ¿Y el caballo, lo entraste al establo?

ROSETA      No…

BATISTE      ¿Dónde está?

ROSETA      En la esquina de arriba…

(BATISTE, *grita mientras coge la escopeta.*)

BATISTE      ¿Estás loca? ¿Lo has dejado solo tan cerca del camino? (*Todos desaparecen mientras el labrador corre a sus campos y encuentra sangre en el suelo.*) ¡Sangre! Maldita sea mi vida y la de todos estos indeseables. ¡Pimentó! ¡¡Has sido tú, lo sé!! ¡Cobarde! ¿Dónde estás? ¡¡Vuelve aquí!! ¿¡No quieres venir!?

¡Pues que me oigan todos, a tu barraca voy! (*Como un jabalí furioso va a la barraca de* Pimentó *y* Pepeta. *Una figura se mueve sin distinguir si es hombre o mujer y de un salto se mete tras una puerta que sujetan las* Sombras. *La puerta que separa a* Batiste *de los propietarios de la casa se mueve de manera que deja ver el exterior y el interior de la casa.*) ¡¡¡Pimentó, sal, sal aquí!!! ¡¡No seas cobarde, sal!! ¿¡¡Con el odio de la huerta me asesináis al hijo, y tú me matas la caballería!!? (*Nadie contesta y la puerta sigue cerrada.*) ¿Te burlas de mí? ¡¡Sal aquí te digo!!

(Batiste *se arroja contra la puerta golpeándola a culatazos. La puerta gira dejando ver a* Pimentó *y* Pepeta *forcejear por una escopeta que queda en manos de la esposa.*)

Pimentó     Dámela Pepeta.

Pepeta     ¡Vaya una hazaña de hombre la tuya, herir a un caballo que está solo en medio del campo!

Pimentó     Tú dirás qué hacemos si echa la puerta abajo...

Pepeta     Todas vuestras perrerías solo han servido para quitar la vida a un pobre chicuelo.

Pimentó     ¡Yo no tiré al crío a la acequia, no quieras echarme todo a mí!

| | |
|---|---|
| PEPETA | Lo que no hemos hecho nosotros hemos consentido que lo hagan los pequeños. ¿Y ahora qué? ¿Vas a salir a dar dos tiros a ese pobre hombre que se revuelve de dolor? |
| BATISTE | ¡¡¡Pimentó, gallina, sal, sal aquí!!! ¡¡No pararé hasta hacer añicos la puerta y verte la cara!! |

(*Las maderas se estremecen bajo el martilleo loco de la escopeta.*)

| | |
|---|---|
| PIMENTÓ | No me martirices más, yo tampoco duermo pensando en el chiquillo. |
| PEPETA | ¡Pero luego te vas a la taberna y todo se te olvida! |
| PIMENTÓ | ¡El caballo no es un hijo! |
| PEPETA | ¡Por matar al padre y todo cuanto posee, vais a matar a toda la familia! |
| PIMENTÓ | Déjalo ya, si me has quitado la escopeta es porque te he dejado… No voy a salir, estate tranquila. |
| BATISTE | ¡¡Asesino!! ¡¡Cobarde!! ¿Hasta donde vas a llegar? ¡¡¡Sal aquí y respóndeme!!! |

(BATISTE, *agotado, siente de pronto que su voz se ahoga hasta convertirse en un gemido y al fin, rompe a llorar. Retrocede poco a poco hasta sentarse en el suelo con la escopeta a sus pies. Resuena un lento y melancólico campanilleo poblando la oscuridad de misteriosas vibraciones. Pasan por detrás de él las* SOMBRAS *como bultos informes y el* TÍO TOMBA, *el único de la huerta a quien no debe ningún pesar. El pastor lo toca con la punta de su palo y tienta con él la escopeta.)*

TÍO TOMBA      Hijo mío…, ¿qué haces aquí cuando la desgracia está en tu casa?

BATISTE      La desgracia está en todas partes, tío Tomba, grandes y chicos, se han propuesto acabar con mi familia.

TÍO TOMBA      Ya te lo dije… estas tierras están malditas.

BATISTE      Pobres tierras.

TÍO TOMBA      Han sido maldecidas por los pobres, y solo pueden dar frutos de maldición. Estás aquí creyendo estar sentado en un ribazo, pero en realidad estás con un pie en el presidio. Así se pierden los hombres y se disuelven las familias.

BATISTE      Los pequeños ya no van a la escuela por miedo a las peleas que deben sostener a su regreso, y Roseta, ¡pobre muchacha!, también recibió una paliza y es a la que se ve más triste encerrada en la casa… Y el chiquitín está cada vez peor y visitado dos veces al día por el médico que me va a costar doce o quince duros... Y aún me intentan matar al caballo, ¿no hay bastante para que un cristiano se pierda?

TÍO TOMBA Acabarás matando tontamente como el pobre tío Barret y muriendo como él, en perpetuo encierro.

BATISTE Han conseguido que mi cuerpo se mueva solo empujado por la rabia.

TÍO TOMBA Cuando un pacífico rebasa el límite de la mansedumbre es para caer en la ferocidad... Deja que duerma esa fiera que han despertado. Acabo de pasar frente a tu barraca, la puerta está abierta y he oído gritos de desesperación, el pequeño ha debido morir.

BATISTE ¿Ha muerto?

TÍO TOMBA Tu mujer y tu hija aúllan desesperadas como fieras enfurecidas.

BATISTE ¿Mi Pascualet ha muerto?

TÍO TOMBA Márchate de aquí, coge lo que te queda de familia y vete lejos, pero lejos, muy lejos, donde no tengas que ganar el pan luchando contra el odio de tantas miserias.

BATISTE Muerto...

TÍO TOMBA    Ve a tu casa, es allí donde debes estar.

BATISTE    Mi Pascualet, tan hermoso… Mi pequeño… ya no se quejará porque le rasco con mis callos su delicada carita… ni podré acariciar su pelo tan rubio.

TÍO TOMBA    Hazme caso esta vez, marchad en cuanto enterréis al chicuelo. Ahora la huerta vendrá hacia vosotros, ya lo verás, pero marchad, marchad muy lejos. Cada uno atribuirá al vecino la principal culpa, pero a todos alcanzará algo de responsabilidad en esta muerte. Cada comadre inventará que la culpa ha sido de la que tenga por enemiga y querrá ser vista como la más misericordiosa... y vendrán a vosotros, vaya si vendrán.

(*El* TÍO TOMBA *marcha repitiendo sus últimas palabras.* TERESA, *y* ROSETA *se abalanzan sobre* BATISTE *que ya está en la barraca y lloran abrazadas a él. Los* VECINOS *y* VECINAS *se van acercando tímidamente pero se quedan en silencio y a una distancia prudencial hasta que* PEPETA *irrumpe en la escena y se acerca a la familia, toma de las manos a* TERESA *y se abraza a ella sin encontrar resistencia.*)

PEPETA    Pobre chicuelo, pobre chicuelo.

TERESA    Ay mi hijo, mi pobrecito hijo. Mi angelito. (*El resto de* VECINOS *rompe el mutismo y llegan hasta* BATISTE *y* ROSETA, *las mujeres se hacen cargo de ella y los hombres de él. Los llantos toman protagonismo mientras* BATISTE *se aleja unos pasos y vive la escena a distancia y en silencio.* PEPETA *y* ROSETA *sitúan un pequeño ataúd blanco en el centro de la escena y las flores que traen* VECINOS *y* VECINAS *lo inundan todo.* PIMENTÓ, *de rodillas, tampoco está en el centro del grupo, pero forma parte de la escena. La algarabía de lamentaciones va dando paso poco a poco a una letanía.*)

TODOS
/TODAS

Dios, padre del cielo, ten piedad de todos los fieles difuntos. Dios, hijo redentor del mundo, ten piedad de todos los fieles difuntos. Dios Espíritu Santo, ten piedad de todos los fieles difuntos. Santa Trinidad, ten piedad de todos los fieles difuntos. Santa María Madre de Dios, ruega por los fieles difuntos....

(*La noche cae sobre la barraca que reza y llora en paz.*)

**Acto III.**
El fuego.

La huerta festeja san Juan con la alegría de
vivir la mejor época del año, el tiempo de la
recolección y la abundancia. La plaza vibra
con la música de bandurrias y laudes, y los
VECINOS y VECINAS bailan bañados por la luz
del sol que lanza torrentes de oro sobre la tierra. BATISTE y TERESA comparten el ánimo de
sus vecinos y se mezclan entre ellos. Solo al-
tera esta armonía festiva una mesa en la que
están PIMENTÓ y otro hombre, TORREROLA, bebiendo aguardiente y haciendo sonar los vasos contra la mesa como si quisieran compe-
tir con la música. Poco a poco todos van aban-
donando el baile, los hombres se acercan a la
mesa y las mujeres se retiran. A TORREROLA
se le ve muy afectado por la bebida.

PIMENTÓ          ¡Ciento treinta!

TORREROLA       Treinta...

VECINO 1         ¡Vaya unos mozos de hierro que cría esta
                 huerta!

Vecino 2    Menuda proeza, más les valía dejarse de apuestas y acordarse un poco más del trabajo.

Pimentó    ¡Ciento treinta y uno!

Torrerola    Lo que tú digas...

(*Los espectadores, contagiados por los del juego, se pasan de mano en mano porrones de los que todos beben.*)

Vecino 3    El aguardiente pasa por sus cuerpos como si fuese agua.

Vecino 4    Ya se han bebido dos cantaros y como si nada..., tan firmes.

Vecino 5    Firme solo está Pimentó, el otro lleva cabeceando un rato...

Batiste    No hay hombre que resista tal cantidad de aguardiente, no es posible que terminen el tercer cántaro.

(Pimentó *se levanta y habla a* Batiste *retándolo con ojos de borracho.*)

Pimentó    ¿Qué dices tú? Mi cabeza está sólida.

Batiste    Es... admirable.

Pimentó    ¿Tú no bebes?

BATISTE      No tengo costumbre.

PIMENTÓ      ¡¡Pasadle al buen vecino el porrón!! Yo gustoso lo invitaría, pero no quiero que parezca que es por quitarme de beber lo nuestro. (BATISTE *bebe apenas medio trago.*) Vamos, vamos, ni la Pepeta bebe con tanta aprensión. ¡Vuelca el pitorro y échate un buen chorro!

BATISTE      No tengo yo el estomago forrado de hojalata como vosotros…

PIMENTÓ      Te digo que bebas.

TORREROLA      Vamos, bebe y continuemos con lo nuestro.

PIMENTÓ      ¿Pero es que te has espabilado?

(PIMENTÓ *vuelve a sentarse y* BATISTE *devuelve el porrón a quien se lo dio e intenta marcharse.*)

BATISTE      Yo marcho ya que Teresa me estará esperando.

PIMENTÓ      No te vayas.

(*Los* VECINOS, *en un movimiento casi imperceptible, hacen piña y bloquean el paso a* BATISTE *que, temeroso, renuncia a marcharse por no llamar más la atención.* TORREROLA, *algo recompuesto, bebe sin esperar a* PIMENTÓ.)

TORREROLA    Ciento treinta y dos.

PIMENTÓ    ¿Qué haces?

TORREROLA    Beber que a eso hemos venido, ¿o es que te estás rajando?

(PIMENTÓ *bebe varios vasos seguidos.*)

PIMENTÓ    Ciento treinta y dos... tres... cuatro... cinco. Ciento treinta y cinco.

VECINO 6    Cuidado Pimentó.

PIMENTÓ    Pierde cuidado tú. La cena que este monigote me va a pagar va a ser esplendida: una buena tajada de bacalao, pescados escabechados los que quiera pedir, y calamares rellenos y un buen arroz con el mejor marisco..., y de postre, hojaldres, mantecados y natillas... Y torrijas, aunque no sea el tiempo...

(*Los espectadores jalean el menú dando muestras de estar también afectados por la bebida que no para de correr.* PIMENTÓ, *como si el esfuerzo del relato de la cena lo hubiera agotado, se tambalea en el taburete.* TORREROLA *ha seguido bebiendo hasta aventajar a* PIMENTÓ.)

TORREROLA    Y seis...

PIMENTÓ    (*Bebe.*) Ciento... ¿Por donde íbamos?

| | |
|---|---|
| VECINO 1 | Te digo que tengas cuidado, que ese ya sabes que parece que no puede y al final te gana, que no será la primera vez... Que si pierdes te va a faltar el dinero para pagar. |
| VECINO 2 | Pimentó, que ahora ya no eres tan rico como cuando la dueña de tus tierras se conformaba con no cobrarte el arrendamiento. |

(PIMENTÓ *se levanta y mira con odio al que ha hablado y a* BATISTE, *y nadie se atreve a cortar el denso silencio hasta que lo rompe el propio borracho.*)

| | |
|---|---|
| PIMENTÓ | ¿¡¡Queréis dejarme que beba a gusto!!? |
| TORREROLA | Eh, ¿te hago de marquesa? |
| PIMENTÓ | Tú lo que quieres es parar la apuesta. |

(*Los admiradores de* PIMENTÓ *jalean la propuesta de* TORREROLA *y le piden que repita lo que tantas veces antes ha contado y escenificado.*)

| | |
|---|---|
| VECINOS | Vamos, Pimentó, haced el cuento. Cuenta como la marquesa se muere de miedo cada vez que vas a su casa. Cuenta lo de los lazos de las hijas. |
| PIMENTÓ | ¡Bebe! |

TORREROLA     Que luego seguimos, hombre… pero que hace mucho tiempo que no nos reímos de tu señorona…

(PIMENTÓ *ríe en un normal cambio de humor de borracho y hace una reverencia a* TORREROLA.)

PIMENTÓ     Señora marquesa…

(*La concurrencia rompe en un aplauso y grandes risas, y* BATISTE *se relaja al ver que* PIMENTÓ *cambia de humor.*)

TORREROLA     Tío Copa, trae los lazos y los manteles.

(*El tabernero trae lo que le han pedido y* TORREROLA *y otros dos labriegos, ya muy animados por la bebida, se medio disfrazan de mujer mientras el resto de la concurrencia lo celebra con grandes risotadas.*)

PIMENTÓ     A ver las señoras si ya están prontas a atender a su humilde servidor.

(*El borracho compone cuerpo y voz para interpretar a la dueña de las tierras de* PIMENTÓ.)

TORREROLA
MARQUESA     ¿Pimentó, qué me traes? ¿Un buen par de pollos, una cesta de tortas, una banasta de frutas?

| | |
|---|---|
| PIMENTÓ | Pero señora…, ya mi persona es bastante peso para camino tan largo. |
| TORREROLA MARQUESA | ¿Y con qué me vas a enternecer? Porque supongo que esta vez tampoco traes el dinero del semestre. |
| PIMENTÓ | Así es, señora; no puedo pagar porque estoy sin un cuarto. |
| TORREROLA MARQUESA | Como siempre |
| VECINO 1 NIÑA | Mamá, mamá, este hombre huele a vino. |
| VECINO 2 NIÑA | Y está muy sucio. |
| TORREROLA MARQUESA | Callad niñas, no se vaya a enfadar. |
| PIMENTÓ | Sé que con no pagar me acredito de pillo porque ya lo decía mi abuelo que era persona de mucho saber: ¿Para quien se han hecho las cadenas? |

(Los VECINOS, *que se saben el cuento de tantas veces que se lo han oído, corean a* PIMENTÓ *y ríen.*)

| | |
|---|---|
| VECINOS | ¡Para los hombres! |

PIMENTÓ      ¿Pagas? Eres buena persona. ¿No pagas?

VECINOS      ¡Eres un pillo!

(PIMENTÓ *saca una gran navaja y la interpre-*
*tada marquesa y sus hijas se agrupan dando*
*grititos. Todos ríen a carcajadas las razones*
*de* PIMENTÓ *y la interpretación de los que ha-*
*cen de mujer.*)

PIMENTÓ      Dígamelo, señora, dígame si usted cree que
             yo soy un pillo.

TORREROLA
MARQUESA     No, no, no, yo qué voy a creer… y guarde
             eso que asusta a las niñas.

PIMENTÓ      Cada semestre lo mismo señora… Si es solo
             para picar… el tabaco. Mirad niñas como
             brilla mi navajita.

(*Las niñas vuelven a gritar de miedo.*)

TORREROLA
MARQUESA     Bueno, bueno, bueno, todo está bien, puede
             usted irse… Y ya que no paga nunca, y no
             nos trae nada, puede ahorrarse las visitas.

PIMENTÓ      ¡Ah, no, doña Manuela! Yo sé muy bien cua-
             les son mis deberes…, como arrendatario
             debo visitar a mi ama en Navidad y en San
             Juan, aunque no pague, porque…

VECINOS     Soy su humilde servidor.

TORREROLA
MARQUESA    Que no, de verdad, que no vuelva usted,
            tantos años asustando a mis hijas yo creo
            que ya está bien.

            (TORREROLA *se quita los adornos femeninos y
            canta a viva voz para que el resto se una en
            un coro de borrachos.* PIMENTÓ *se sienta som-
            brío, y se advierte en él una dura mirada.*)

TORREROLA
/VECINOS    No vuelva,
            no vuelva
            y volvió.

            No vuelva,
            no vuelva
            y volvió.

            No vuelva,
            no vuelva
            y volvió.

            Volvió,
            volvió
            y no pagó.

PIMENTÓ     Podéis reír hasta reventar, pero es la última
            vez que lo hacéis; la huerta ya no es la mis-
            ma que ha sido durante estos diez años. Los

amos que han sido conejos miedosos, se han vuelto lobos intratables. Ya sacan los dientes como en otros tiempos. ¡¡Hasta mi ama se ha atrevido conmigo!!

(*La comparsa calla mostrando un silencio reverencial hacia las palabras que salen con dificultad de la boca de* Pimentó, *pero sin perder el sentido.*)

Torrerola     Vamos, no te amargues, deja eso ahora y bebe…

Pimentó     ¿¡¡¡Qué lo deje!!!? La marquesa me ha dicho que me prepare a dejar las tierras si no pago el arrendamiento, sin olvidar los atrasos. ¿Y por que se han crecido los amos? Porque ya no nos tienen miedo… Porque ya no están abandonadas las tierras del tío Barret. Porque desde que un ladrón muerto de hambre ha logrado imponerse a todos nosotros, los propietarios se ríen. Y para vengarse de diez años de forzada mansedumbre se han hecho más malos que el perro de don Salvador.

(Batiste, *consciente del peligro que corre, vuelve a intentar marcharse, pero esta vez le cierran el paso claramente interponiéndose en su camino mientras se dirigen a él. Los* Vecinos *no lo retan, solo hablan desesperados.*)

| | |
|---|---|
| VECINO 3 | Yo he tenido que vender los anillos de la boda porque el amo no se ha conformado con la paga incompleta. |
| VECINO 1 | A mí me ha amenazado con desahuciarme... |
| VECINO 2 | A nosotros nos van a subir la renta... |
| PIMENTÓ | Y todo por culpa de un forastero, de un piojoso que ni siquiera ha nacido entre nosotros. ¿Y aún vive el tunante que nos ha dado la vuelta a la vida? ¿Es que en la huerta no quedan hombres? (*Los hombres sujetan al labrador que, por no empeorar su situación, permanece expectante y no se resiste.* PIMENTÓ *vuelve a levantarse tambaleándose y haciendo un esfuerzo para sostenerse sobre sus piernas.*) ¡Vete! Coge a tu piojosa familia y vete de aquí. ¡Vete o te mato! |

(*Instintivamente todos increpan a* BATISTE, *mientras lo empujan por todos lados.*)

| | |
|---|---|
| VECINOS | ¡Vete! No te queremos aquí. Vete. Nos has desgraciado la vida. Me van a echar de mis tierras por tu culpa. Vete o atente a las consecuencias. |

(*Por efecto de uno de los empellones,* BATISTE *cae al suelo y todos callan mirándolo con desprecio.* PIMENTÓ *se dirige a él desde la altura que le da el estar de pie.*)

| | |
|---|---|
| Pimentó | Ya has visto que nadie te quiere aquí… Levanta, en el suelo pareces aún más gusano de lo que eres y necesitamos la respuesta de un hombre. (Batiste *se levanta muy despacio con temor a ser atacado por alguno de sus flancos y con la actitud más pacífica de la que es capaz, para no provocar reacciones violentas. Un viento que nada bueno augura se levanta en tormo a los hombres.*) ¿Te vas, verdad? Dilo, que todos te oigan.<br><br>(Batiste, *humillado y furioso, pero contenido, guarda un instante de silencio antes de responder.*) |
| Batiste | No, no me voy. |
| Pimentó | ¡Perro!<br><br>(*El matón grita al mismo tiempo que da una terrible bofetada a* Batiste. *Animado por la agresión, todo el corro se lanza contra el odiado intruso, pero el forastero, rojo de ira, consigue agarrar un taburete y empuñándolo amenaza al grupo que, aterrado por el ademán agresivo de este hombre siempre pacífico, se abre dejando expuesto al borracho.* Pimentó *recibe un golpe que lo hace caer con la cabeza rota. A la vista de la sangre y de la furia de* Batiste, *se produce una gran confusión. El tío Copa, el tabernero, con una porra similar a un as de bastos, echa en un santiamén a todos los parroquianos que, sin ofrecer mucha*) |

84

*resistencia, salen de la escena gritando y ju-
rando muerte al intruso. Tan solo* TORRERO-
LA, *con una gran navaja en la mano y con la
fraternidad del ebrio, queda intentando asistir
a su compañero de correrías sin hacer mucho
caso de la presencia de* BATISTE *que todavía tiene el taburete en la mano. El tabernero, con la
autoridad y valentía que le provocan años de
amilanar borrachos, le arranca el taburete y,
ayudado por* TORREROLA, *se lleva a* PIMENTÓ.
BATISTE *queda solo y siente dolor, es consciente de la herida que tiene en el hombro.
Las estrellas que han sido testigo mudo de la
reyerta, dan paso a la luz del candil de la barraca maldita a la vez que se amortigua el sil-
bar del viento.* TERESA *y* ROSETA, *que están im-
pacientes y preocupadas por el tiempo trans-
currido sin que el padre regrese, se espantan
al verlo medio descamisado y todo mancha-
do de sangre.)*

TERESA ¡Reina santisima! ¡Señora y soberana!
¡¡Traes sangre!!

ROSETA ¡Padre!

(ROSETA *se tira a sus brazos, pero el padre la
aparta sin poder contener una mueca de sufrimiento y se deja caer sobre un asiento.)*

TERESA ¿Qué te han hecho? ¡Dios mío, danos fuerzas para soportar tanto sufrimiento!

| | |
|---|---|
| BATISTE | Déjate de lamentaciones y mirad pronto lo que tengo. Hay que parar la sangre. |
| | (ROSETA *le abre la camisa y deja el hombro al descubierto.*) |
| ROSETA | ¡Cuánta sangre! |
| TERESA | Ay, ay, ay, Virgen Serenísima… Es un corte enorme… |
| BATISTE | Menos lloros, esto es poca cosa; la prueba está en que puedo mover el brazo… ¡A ver! agua, trapos, hilas, la botella de árnica. (RO-SETA *trae todo lo que* BATISTE *ha pedido.*) Y de todo esto, ni una palabra a nadie. |
| ROSETA | ¿Pero qué ha pasado? |
| BATISTE | Pimentó ha levantado a todos contra mí… Pero quien sabe como estará él… Creo que le he abierto la cabeza. |
| | (*Las dos mujeres lavan el hombro y vendan la herida.*) |
| TERESA | ¿Has perdido la cordura? |
| BATISTE | Si no lo hago me matan allí mismo. |
| TERESA | Animales, si ya sabíamos que son todos unas bestias sin alma… |

| | |
|---|---|
| ROSETA | Hay que llamar al médico, la sangre no para… |
| BATISTE | Nada de médicos, peores golpes nos han caído. |
| ROSETA | Pero si no para… |
| BATISTE | Llamar al médico sería tanto como llamar la atención de la justicia… Ya me iré curando yo solo. |
| TERESA | Muy seguro estás tú. |
| BATISTE | Mi pellejo hace milagros, ya lo veréis. Lo importante es que nadie se mezcle en lo ocurrido allá abajo. |
| ROSETA | Pero ahora… ¿Otra vez tendremos que huir de todos? |
| BATISTE | Eso me temo. |
| ROSETA | ¿Otra vez sin salir de este trozo de tierra? |
| BATISTE | Ni colegio, ni fábrica ni paseos en mucho tiempo, solo saldré yo y provisto de la escopeta. |
| ROSETA | Y… ¿por qué no nos vamos de aquí? |
| TERESA | ¿Y abandonar aquí a Pacualet, abandonar aquí al chiquitín, te has vuelto loca? |

ROSETA | Sí le haremos compañía, sí… todos enterrados en vida…

BATISTE | ¿De verdad quieres verte otra vez por el camino con los muebles sobre el carro y llevando el hambre como única compañía?

ROSETA | No lo sé, no sé lo que quiero… una vida normal.

BATISTE | Dadme algún tiempo. Yo haré que nos respeten. Hoy han empezado a cambiar las cosas. Ya saben con quien se la juegan si me buscan.

ROSETA | Pero entonces por qué tenemos que encerrarnos otra vez…

BATISTE | Hay que dar tiempo al tiempo. Lo primero es saber como sale de esta Pimentó. Y luego seguir esperando…

TERESA | Ruego a Dios que se cure pronto, cuanto más tarde, más grande será el deseo de venganza.

BATISTE | Eso creo yo también, y ya sabéis los procedimientos usuales de la huerta, aquí no existe la justicia de la ciudad. Aquí, las cosas de los hombres, las resuelven los hombres… Tengo mucho frío, dadme un manta.

TERESA    Estás ardiendo de fiebre. Más vale que nos acostemos, pronto va a clarear.

BATISTE   Meteos en la cama vosotras, y dadme la escopeta, yo me quedo despierto por si a alguno se le ocurre venir a hacer alguna tontería.

TERESA    ¿Aquí? Aquí nunca se han atrevido.

ROSETA    ¿No dices que desde hoy te van a tener miedo?

BATISTE   Vamos, vamos, acostaros ya y dejadme. Lo que más me cansa es hablar.

*(Las mujeres dejan solo al herido. El viento, cada vez más fuerte, acerca a la barraca un lejano eco de lamentos y voces furiosas. BATISTE sin dejar de temblar por la fiebre hace un esfuerzo por escuchar lo que ya le dice el corazón: PIMENTÓ ha muerto.*

VOCES     Pimentó ha muerto. Ese canalla lo ha matado. Pimentó está muerto. El intruso ha matado a Pimentó.

*(El griterío se sobrepone al sonido del viento y se va acercando cada vez más. El labriego intenta ponerse en pie apoyándose en la escopeta y cae al suelo. Con débil voz llama a su mujer y a su hija que no responden. El terror lo invade y sigue intentado incorporarse con*

*las pocas fuerzas que le quedan. De repente se hace un silencio total. Agotado, se desploma desvanecido sobre el suelo. Tras unos instantes, el viento atronador y las voces ahora susurradas, dispersas y deformadas, regresan alterando la inconsciencia de* BATISTE.*)*

VOCES     Venganza. El camino del infierno. El corral, la cuadra, la barraca. El camino del infierno. Que arda todo. Fuego.

*(Sobre el silbido de viento y voz, se hacen presentes dos figuras que poco a poco van tomando contorno y colores hasta ser el* TÍO TOMBA *y* PIMENTÓ *con la cabeza entrapada. La presencia de este último aterroriza su sueño, y cuantas más muestras de miedo da, más se le acerca el fanfarrón.)*

TÍO TOMBA     Adiós amistades recientes, respetos nacidos junto al ataúd de un pobre niño…

PIMENTÓ     Batiste amigo, ya no queremos que te vayas.

TÍO TOMBA     Hijo mío; vete, vete, estas tierras están malditas, están malditas.

PIMENTÓ     Ya no tienes frío, ¿verdad?

TÍO TOMBA     Batiste, despierta, despierta… ¿No ves el resplandor? Es el infierno.

PIMENTÓ     Duerme tranquilo. Duerme.

| | |
|---|---|
| Tío Tomba | La huerta se venga de ti por apoderarte de lo que no es tuyo y matar a un hombre de bien. |
| Pimentó | Duerme Batiste. |
| Tío Tomba | Estás llegando al infierno... ¿No sientes el calor? |
| Pimentó | Duerme. |
| Tío Tomba | Ven, ven conmigo. Despierta... |
| Pimentó | Duerme. |

(*Un humo denso se va apoderando de la estancia.* Pimentó *le aprieta la garganta estrangulándolo, lo que le provoca un espantoso grito que lo despierta sobresaltado. Las figuras del sueño se desvanecen, y* Batiste, *consciente de que la barraca está en llamas, grita despertando a toda su familia.*)

Batiste    ¡¡¡¡Teresa, Roseta, niños, todos arriba, corred, corred la casa se quema!!!!

(*Las voces de terror de la familia se confunden con el ruido de las llamas y los palos del techo al caer y sus figuras apenas se distinguen entre el humo. Pasados unos momentos de confusión, vemos a la familia de espaldas. El matrimonio observa como las llamas devoran cualquier atisbo de esperanza de ser felices en esa tierra, mientras* Roseta *pide socorro.*)

Roseta   Socorro, ayuda, ayuda…

Batiste   No te molestes hija, la huerta es sorda para nosotros.

(Roseta, *consciente de estar en paños menores, se refugia en su madre.*)

Teresa   Dentro de esas casas hay ojos que nos miran y bocas que ríen.

Batiste   Adiós, Pimentó, bien servido te alejas del mundo. La barraca y nuestra desgracia alumbran tu cadáver mejor que los cirios.

Teresa   Estamos solos y… otra vez en el camino.

Batiste   Algo encontraremos en otra parte.

Teresa   Por fin han conseguido dejarnos sin nada.

Batiste   El pan… Cuánto cuesta ganarlo y cuán malos hace a los hombres… Vámonos ya y… poned atención dónde pisáis.

Teresa   Aguarda un momento… Aquí se queda el cuerpecillo de Pascualet.

Batiste   Aquí se quedan nuestras ilusiones de paz y trabajo.

(Semidesnudos, descalzos y en mitad de la noche se abrazan y quedan más solos y más pobres que nunca. Con la luz del fuego se extingue toda luz haciéndose el…)

**Oscuro.**

**Fin.**

Esta primera edición de *la barraca*,
de Marta Torres, terminó de imprimirse
en agosto de dos mil veinticinco,
en Madrid.